Collection de M. le Comte de N...

EAUX-FORTES MODERNES

BRACQUEMOND, COURTRY, DAUBIGNY,

FLAMENG, HERKOMER, JACQUEMART, MEISSONIER, MERYON, MILLET,

RAJON, SEYMOUR-HADEN, TISSOT, WALTNER, ETC.

LITHOGRAPHIES — CARICATURES

CHARLET, DAUMIER, GRANVILLE, PRUDHON, RAFFET,

E. LAMY, H. MONNIER, ETC.

DESSINS MODERNES

LIVRES ET CATALOGUES ILLUSTRÉS

Dont la vente aux enchères publiques aura lieu

HOTEL DES COMMISSAIRES-PRISEURS, RUE DROUOT, N° 5

SALLE N° 4

Le Vendredi 29 et le Samedi 30 Avril 1881

A UNE HEURE ET DEMIE PRÉCISE

Me MAURICE DELESTRE	**M. L. DUMONT**
COMMISSAIRE-PRISEUR	MARCHAND D'ESTAMPES
Rue Drouot, n° 27.	Quai des Grands-Augustins, 21.

PARIS — 1881

Collection de M. le Comte de N...

EAUX-FORTES MODERNES

BRACQUEMOND, COURTRY, DAUBIGNY,

FLAMENG, HERKOMER, JACQUEMART, MEISSONIER, MERYON, MILLET,

RAJON, SEYMOUR-HADEN, TISSOT, WALTNER, ETC.

LITHOGRAPHIES — CARICATURES

CHARLET, DAUMIER, GRANVILLE, PRUDHON, RAFFET,

E. LAMY, H. MONNIER, ETC.

DESSINS MODERNES

LIVRES ET CATALOGUES ILLUSTRÉS

Dont la vente aux enchères publiques aura lieu

HOTEL DES COMMISSAIRES-PRISEURS, RUE DROUOT, Nº 5

SALLE Nº 4

Le Vendredi 29 et le Samedi 30 Avril 1881

A UNE HEURE ET DEMIE PRÉCISE

Mᵉ MAURICE DELESTRE

COMMISSAIRE-PRISEUR

Rue Drouot, nº 27.

M. L. DUMONT

MARCHAND D'ESTAMPES

Quai des Grands-Augustins, 21.

PARIS — 1881

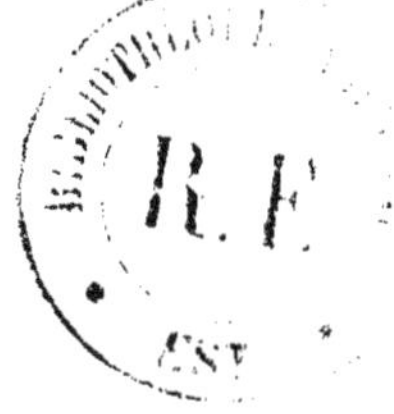

CONDITIONS DE LA VENTE

Elle sera faite au comptant.

Les adjudicataires payeront *cinq pour cent* en sus des enchères.

M. Dumont, chargé de la vente, se réserve la faculté de rassembler ou de diviser les lots.

ORDRE DES VACATIONS

PREMIÈRE VACATION

Vendredi 29 Avril. — Numéros . . . .   24 à 272

DEUXIÈME VACATION

Samedi 30 Avril. — Numéros . . . .   272 à 470 / 1 à 24

Eaux-Fortes et Lithographies en lots.

Paris. — Typ. Pillet et Dumoulin, 5, rue des Grands Augustins.

DÉSIGNATION

DESSINS

BONVIN (F.)

1 — Femme portant une soupière.
Jolie aquarelle, signée. 1848.

BOURGEOIS (C.)

2 — Paysage.
Aquarelle, signée.

BURÉE (A.)

3 — Vue de Paris, prise du pont des Arts.
Très jolie aquarelle, signée.

BRACQUEMOND

4 — Vue de Paris.
Dessin au fusain, signé.

DRANER

5 — Un Soldat et sa Payse au musée d'anatomie.
Jolie aquarelle, signée.

GRANVILLE

6 — Lapin mangeant une carotte.
Joli dessin à la plume, signé.

HODSON (A. V.)

7 — Dolly. Portrait de femme.

Superbe aquarelle, signée.

JACQUE (Ch.)

8 — Enfants sur un mouton.

Beau dessin au crayon noir rehaussé de blanc.

JOHANNOT (Tony)

9 — Sujets de genre. — Deux pièces.

Dessins à la sépia.

MARILHAT (P.)

10 — Deux Turcs, l'un assis, l'autre debout.

Très jolie aquarelle, signée Marilhat P. Jaffa.

MONNIER (H.)

11 — Son Portrait et celui d'un de ses amis, probablement Luguet.

Superbe aquarelle, signée. 1867.

12 — Scène d'intérieur. — Attente dans le salon d'un médecin.

Joli dessin à l'encre de Chine.

13 — Enfants. — Types divers.

Deux croquis à l'aquarelle.

NANTEUIL (C.)

14 — Paysage.

Aquarelle, signée.

RAFFET

15 — Deux Grenadiers.

A la sépia, signé.

16 — L'Exercice.

A la sépia, signé.

THORNLEY (G. W.)

17 — Vue de Paris.

Superbe aquarelle, signée.

18 — Vue du Pont de Sèvres.

Superbe aquarelle, signée.

TROYON

19 — Animaux. — Deux pièces.

Études au crayon.

VAN GOPPE

20 — Paysage.

Jolie aquarelle, signée.

VOILLEMOT

21 — Frontispice.

Très beau dessin au crayon noir rehaussé de blanc, signé.

WATTIER

22 — Portrait de Chateaubriand, dans un entourage orne-
menté. — Très jolie composition où l'artiste a reproduit
une scène d'*Atala*.

Superbe dessin à la sépia, très fini, signé.

23 — Costumes de modes, 1840. — Quatre pièces.

Aquarelles très finies comme exécution.

EAUX-FORTES MODERNES
LITHOGRAPHIES

AMSLER

24 — La Vierge du temple, d'après Raphaël.

Belle épreuve. Toutes marges.

BELLANGÉ (Hte.)

25 — Albums 1823 à 1830. — Sujets divers. — Ensemble
cent trente pièces.

Belles épreuves.

BERNIER

26 — Landes de Kerlagadic. — Une Ferme en Bannalec.

Trois pièces, dont deux avant lettres.

BERVIC

27 — L'Éducation d'Hercule, d'après Régnault.

Belle épreuve. Marges.

28 — L'Innocence, d'après Mérimée.

Belle épreuve avant la dédicace.

BLÉRY

29 — Grand Paysage.

Très belle épreuve sur chine, signée par l'artiste.

30 — Fleurs. — Paysages. — Douze pièces.

Très belles épreuves sur chine, avant lettres, signées.

BLOT

31 — La Vanité, d'après Léonard de Vinci.

Belle épreuve. Marges.

32 — La Vierge aux candélabres, d'après Raphaël.

Belle épreuve. Marges.

BOILVIN

33 — Hérodiate, d'après Lévy.

Très belle épreuve avant la lettre.

34 — Vignettes pour l'illustration de *Rabelais*, suite complète en deux états différents sur chine, avant toutes lettres, et avant que les cuivres aient été coupés. — Le portrait sur hollande, avant toutes lettres. — Vingt et une pièces.

Superbes épreuves.

BONINGTON

35 — Une Porte gothique au XVᵉ siècle, Caen. (Cat. A. Bouvenne, 15. — La Tour du marché de Bergues. (A. B., 16.) — Château d'Harcourt. (A. B., 17.) — Église Saint-Sauveur, à Caen. (A. B., 22.) — Quatre pièces. Lithographie Feillet.

Belles épreuves.

BONINGTON

36 — Vue prise de la route de Calais (Abbeville). (A. B., 19.)
Château de Bothwell. — Deux épreuves. — Ensemble,
trois pièces.

    Belles épreuves.

37 — Le Repos. — La Prière. — La Conversation. — Le Si-
lence favorable. — Les Plaisirs paternels. — Le Retour.—
Lithographie de Langlumé. — (A. B., 28 à 33.) — Six
pièces.

    Belles épreuves.

38 — Entrée de la salle des Pas-Perdus, du Palais de Justice
de Rouen. (A. B., 23. — Fontaine de la Crosse, à Rouen.
(A. B., 24.) — Lithographie de Feillet.

    Belles épreuves.

39 — Vues pittoresques de l'Écosse. — Quatre pièces. — Les
Pendus. — Deux épreuves sur chine. — La Prière. — Le
Retour. — Ensemble, huit pièces.

    Belles épreuves.

BONINGTON (attribué à)

40 — Bateaux pêcheurs, avec l'inscription : Chelsea. — Masu-
res et bateaux, avec l'inscription : Londres, 9 juin,—Lithographie Engelman. — Deux pièces sur chine.

    Belles épreuves.

BONINGTON (d'après)

41 — La Couseuse. — Lithographie Noel.

    Belle épreuve sur chine.

42 — Anne Page and stender.—L'Antiquaire.—Jeune Femme
assise. — Trois pièces, par S. W. Reynolds.

    Belles épreuves avant la lettre.

43 — Méditation. — Jeune Fille malade. — Anne Page and
stender. — Paysages par Damour. — Six pièces.

    Belles épreuves.

44 — Marguerite de Navarre et François Ier, par L. Flameng.

    Deux épreuves, une avant toutes lettres.

BONVIN

45 — Joueur de guitare. — Jeune Enfant. — Deux pièces.
Épreuves d'artiste.

46 — Fileuse bretonne. — Bords de la Rance. — La Sortie de
cave. — Trois pièces.
Belles épreuves.

BRACQUEMOND

47 — Astruc, statuaire.
Épreuve sur japon, avant toutes lettres.

48 — Le haut d'un battant de porte.
Très belle épreuve sur japon, avant toutes lettres.

49 — Erasme.
Très belle épreuve avant toutes lettres, signée par l'artiste.

50 — Ils s'en allaient dodelinant, etc.
Belle épreuve sur chine.

51 — Dans un Parc. — Deux pièces.
Belles épreuves avant toutes lettres. L'une avec des retouches de l'artiste.

52 — M. Mayer (Portrait).
Belle épreuve avant toutes lettres.

53 — Paysage. — Deux pièces, d'après Corot.
Très belles épreuves sur japon, signées par l'artiste.

54 — M. Robert (Portrait).
Belle épreuve avant toutes lettres.

55 — Sarcelles.
Épreuve sur parchemin.

56 — La Servante à table, d'après Leys.
Très belle épreuve sur chine, avant toutes lettres.

57 — La Source, d'après Ingres.
Superbe épreuve sur japon, signée par l'artiste.

58 — La même pièce.
Épreuve du premier état.

BRACQUEMOND

59 — Fleurs, modèles pour porcelaines. — Deux pièces.
> Belles épreuves. Rares.

60 — Sur la Terrasse.
> Superbe épreuve, signée par l'artiste.

61 — Le Buveur.
> Superbe épreuve sur japon, signée par l'artiste.

62 — Rochers, d'après J. Laurens.
> Épreuve d'état, avant le berger, signée.

63 — Les Oies. — Deux états.
> Très belles épreuves sur japon, signées.

64 — Le Pont des Saints-Pères.
> Très belle épreuve d'artiste, signée.

65 — Les Charmes. — Pièce rare.
> Superbe épreuve, signée.

66 — Titre pour les sermons du Père Gavazzi. — Vignette pour un volume de Th. Gautier, en deux états — Trois pièces.
> Très belles épreuves sur japon, signées.

67 — Portrait d'homme. — Mort du Poussin. — Vaches au bord de l'eau. — Le Bois de Boulogne. — Frontispice. — Cinq pièces.
> Belles épreuves.

68 — Les Cigognes. — Simart. — Galilée. — Saint Bazile. — Frontispice. — Cinq pièces.
> Belles épreuves.

69 — Le Corbeau. — Saint Bazile. — Paysage, d'après Ostade. — Les Canards. — Quatre pièces.
> Belles épreuves, dont trois sur chine, avant lettres.

BROWNE (H.)

70 — Les Frères de Joseph rapportant sa tunique, d'après Bida. — Pièce rare.
> Très belle épreuve avant toutes lettres.

BROWNE (J. Lewis)

71 — Soldats, cavaliers, chevaux. — Treize pièces. — Eaux-
fortes originales, très rares.
Superbes épreuves.

CALAME

72 — Solitude. — Eau-forte.
Très belle épreuve.

73 — Paysages. — Arbres. — Lithographies. — Cinq pièces.
Très belles épreuves.

74 — Études. — Paysages. — Lithographies. — Eaux-fortes.
— Douze pièces.
Belles épreuves.

CHAPLIN

75 — L'Embarquement pour Cythère.
Très belle épreuve du premier état, avec dédicace à Daubigny.

76 — La même pièce, terminée.
Très belle épreuve.

CHARLET

77 — Son Portrait (Cat. La Combe, I), par Roubaud, par
Maggi. — Trois pièces.
Belles épreuves.

78 — Napoléon à Iéna (7). — Colonne d'infanterie en marche
(27). — La Bienvenue (35). — Le Grenadier de Waterloo (39). — Les Invalides en goguette (50). — Deux prisonniers russes (54). — Prisonniers autrichiens (55). — Le
Vin de la comète (56).—Le Peintre d'enseignes (57).—Que
dit-on (58)? — Ils s'en vont (62). — L'Instruction militaire (83). — L'Aumône (87). — J'attends de l'activité (94).
Toi, oui, moi (95). — Soyez plutôt maçon (104). — Bona-
parte factionnaire (266). — La Boule de neige (266). —
J'obtiens de l'activité (274).—Aux vieux grognards (277).—
Vous croisez la baïonnette (278).—École de balayeur (279).
— Voilà comme je serai dimanche (280). — Papa, dada

(295). — Papa, nanan (297). — L'Insubordination (303).—
— Elle a le cœur français, l'ancienne (309). — Au com-
mandement de : Halte (309). — Au commandement de :
Pas d'observations (310). — Le Gamin patriotique (322).—
Trente pièces.

Belles épreuves.

CHARLET

79 — Honneur au courage malheureux. — Vive la France ! —
Les Quilles. — Adieu, fils. — L'École de village. — J'aime
la couleur. — Paie et tais-toi. — Le Quartier général. —
Gaspard l'avisé. — Impiété. — Piété. — Les Paroles sont
des fumelles. — Un Mécène, 1840. — Faites-leur chanter
la Colonne, etc. — Vingt-cinq pièces.

Belles épreuves.

80 — Costumes militaires. — Infanterie légère (Voltigeur). —
Garde nationale de Paris. —'Capitaine de Grenadiers. —
Grenadier. — Mameluck, etc. — Douze pièces.

Belles épreuves.

81 — Sujets tirés d'albums et de suites de croquis. — Fantaisies. — Cent dix pièces.

Belles épreuves.

82 — Suite de dessins à la plume pour l'École polytechnique.
— Cinquante-deux pièces.

Belles épreuves. Toutes marges.

83 — Recueil de pièces à l'eau-forte, publié chez Blaisot. —
Croquis inédits reproduits par Meyer. — Études à l'es-
tompe, exécutés sur pierres, etc. -- Vingt-trois pièces.

Belles épreuves.

84 — L'acteur Odry (L. C., 3). — Portraits de Napoléon
(L. C., 12, 13, 14, 15, 17, 260, 262). — Huit pièces.

Belles épreuves.

85 — Croquis et pièces rares non terminées. — Scène d'intérieur (L. C., 315). — Je cherche du fourrage (319). — Croquis (326). — Essai de manière noire (340). — Le Magister

de notre village (351). — Un Homme sur une terrasse (371).
— Deux Pêcheurs à la ligne (376). — Grenadier de la
garde (379). — Vieillard assis (380). — Napoléon au milieu
de croquis (585). — Allumeur de réverbères (386). — Sergent d'infanterie (388). — Deux Carabiniers et un enfant
(389). — La Justice féodale (392). — Scène d'intérieur (398).
— Deux Canonniers (404). — Six Paysans dans la cam-
pagne (413). — Le Grenadier et un officier (416). —
Deux Enfants jouant au soldat (424). — C'est lui (459). —
— Quitte le galon de la servitude (584). — Mettez-vous les
petits voleurs en prison chez vous (653)? — Frère, faites
donc finir l'école mutuelle (658). — Madame Tartare (689).
— Il est humain (698). — Diable vous emporte (704). —
Vingt-six pièces.

Très belles épreuves.

CHARLET

86 — Croquis et pochades à l'encre, 1820. — Le Maître
d'école (709). — Grec contemplant ses richesses (710). —
Petit enfant debout sur un cheval (711). — Vieux Marin
fumant (712). — Gros aubergiste, une broche à la main
(714). — Tête de chien (715). — Turc debout (717). — Soldat d'infanterie (719). — Vieillards jouant aux cartes (721).
— Jeune Marchande d'œufs (722). — Aubergiste et soldat
(723). — Turc debout (725). — Douze pièces.

Belles épreuves.

87 — Eaux-fortes et croquis. — Six pièces.

88 — Vie civile, politique et militaire du caporal Valentin.
Chez Gihaut. — Cinquante et une pièces. — Fantaisies. —
Huit cahiers composés de quatre planches, parus entre
1824 et 1827. — Ensemble, vingt-huit pièces. — Souvenirs
de l'armée du Nord (1833). Quinze pièces. — Alphabet
moral et philosophique (1835). Seize pièces. — Albums
lithographiques. — Croquis. — Fantaisies, parus de 1822
à 1837. Deux cent dix pièces.

Ensemble, trois cent vingt pièces.

Belles épreuves.

CHAUVEL

89 — Passage de la Ternoise. — Paysage. — Deux pièces.
Belles épreuves.

COURBET

90 — Les Casseurs de pierres. — La Curée. — Deux pièces.
Belles épreuves.

91 — Le Retour de la foire. — Les Bords d'une rivière. —
Deux pièces.
Belles épreuves.

92 — Mort de Proudhon.
Belle épreuve.

COURTRY

93 — Le Bain, d'après Gérome.
Épreuve d'artiste, signée.

94 — Mme Du Barry, d'après un dessin de Drouais.
Très belle épreuve avant la lettre, signée. Rare.

95 — Fiançailles du doge avec l'Adriatique, d'après Guardi.
Très belle épreuve avant la lettre, sur japon, signée.

96 — Mlle Guimard, d'après Fragonard.
Épreuve d'artiste sur japon, signée. Rare.

97 — Intérieur d'atelier, d'après Munkasci.
Très belle épreuve avant la lettre, signée.

98 — Milton dictant *le Paradis perdu* à ses filles, d'après
Munkasci.
Superbe épreuve d'artiste, sur japon impérial, avant la remarque, et
portant la mention suivante : Premier état terminé, et la signature de
l'artiste.

99 — La Mort de Marceau, d'après J.-P. Laurens.
Superbe épreuve d'artiste, sur japon impérial, avec la remarque,
signée.

100 — Hélène Forman, seconde femme de Rubens.
Superbe épreuve d'artiste, sur japon impérial, d'une pièce non publiée.
Très rare. Signée.

COURTRY

101 — Fantaisie. — Tête de femme, pointe sèche originale.
Très belle épreuve sur japon impérial, signée. Rare.

102 — La Corderie, d'après Van Mark.
Superbe épreuve d'artiste, signée.

103 — Le Moulin, d'après Van Mark.
Superbe épreuve d'artiste, signée.

104 — La Forêt, d'après Van Mark.
Superbe épreuve d'artiste, sur parchemin, signée.

105 — Les Landes, d'après Van Mark.
Superbe épreuve d'artiste, signée.

106 — Le Trompette. — La Cruche cassée. — Le jour du sabbat. — Vue de Paris. — L'Infante Marguerite. — La Fille de Charles Ier — Mme Feydeau. — Sept pièces.
Belles épreuves, dont cinq sont avant la lettre.

DAUBIGNY

107 — La Noce de village (Catalogue F. Henriet, 12). Deuxième état, plus deux épreuves du troisième état. —Trois pièces.
Belles épreuves.

108 — Le Cèdre du Liban (16), épreuve d'artiste, avec la remarque dans la marge inférieure du cuivre.
Très belle épreuve.

109 — Les Petits cavaliers (42), premier état.
Très belle épreuve.

110 — Couronne de bluets, coquelicots, pièce gravée pour servir de titre à la première suite des douze eaux-fortes indiquées ci-après (60), premier état.
Belle épreuve sur papier bleu.

— Le Lever du Soleil (61), avant l'adresse de Beillet. — Les Chevaux de halage (62), deuxième état, avant l'adresse de Beillet. — Les Bords du Cousin (63), avant l'adresse et les numéros. — L'Ane à l'abreuvoir (64), aqua-tinte, premier état, avant l'adresse et le numéro. — Les Petits

oiseaux (65), deuxième état. — L'Automne (66), avant
l'adresse. — Le Satyre (67), avant l'adresse. — Le Bac
(68), avant l'adresse. — La Pêcherie (69), avec l'adresse
de Beillet. — Les Charrettes de roulage (70), avant
l'adresse. — Les Ruines du château de Crémieux (71),
avant l'adresse. — Les Cerfs au bord de l'eau (72), avec
l'adresse de Beillet. — Treize pièces.

Très belles épreuves.

DAUBIGNY

111 — Le Bac de Bezons (74), avant l'adresse. — Les Cerfs au
bois (75), deuxième état. — Les Vaches au marais (73),
avec l'adresse de Beillet. — Le Marais (77), troisième état.
Plage de Villerville (80), adresse de Beillet. — Le Guet du
chien (82), avant l'adresse. — Le Chant du coq (83). —Sept
pièces.

Belles épreuves.

112 — L'Ondée (78), deuxième état.

Très belle épreuve.

113 — Le Buisson (73), premier état avec des essais de burin
sur la marge.

Très belle épreuve avant toutes lettres.

114 — La même pièce, état intermédiaire entre le premier et
le second.

Très belle épreuve avant toutes lettres.

115 — Le Coup de soleil, deuxième état.

Très belle épreuve avant toutes lettres.

116 — Le Grand parc à moutons (86).

Très belle épreuve avant toutes lettres.

117 — Lever de lune (89).

Très belle épreuve avant la lettre.

118 — La Vendange (107), premier état.

Très belle épreuve avant la lettre.

119 — L'Arbre aux corbeaux (110).

Très belle épreuve avant la lettre.

DAUBIGNY

120 — Les Bergers (112).

Très belle épreuve avant la lettre.

121 — Clair de lune à Valmondois.

Très belle épreuve avant la lettre.

122 — Eaux-fortes par Daubigny (Titre). — Les bords du Cousin. — Les Chevaux de halage. — L'Ane à l'abreuvoir. — Les Petits oiseaux. — Le Satyre. — Les Ruines du château de Crémieux. — Les Cerfs au bois. — Huit pièces.

Très belles épreuves sur chine.

123 — La Vendange. — Le Parc à moutons. — Clair de lune à Valmondois. — Trois pièces.

Très belles épreuves.

124 — Soleil couchant. — Le Nid de l'aigle. — Environs de Choisy-le-Roi. — Soleil couché. — Vue prise à Subiaco. — Machine hydraulique. — Six pièces.

Belles épreuves.

125 — L'Aurore. — Le Printemps. — Lever de lune. — Troupeau d'oics. — Quatre pièces.

Belles épreuves.

DAUMIER

126 — Les cent et un Robert Macaire. — Soixante-six pièces coloriées.

Très belles épreuves.

DECAMPS

127 — Son Portrait, par Gigoux, épreuve avant la lettre, plus trois portraits différents. — Quatre pièces.

Belles épreuves.

128 — Les Anes sous le toit.

Superbe épreuve avant toutes lettres.

129 — Corps de garde turc. — Le Gardeur de porcs. — Les Deux Chiens. — Deux épreuves. — Quatre pièces.

Belles épreuves.

DECAMPS

130 — Eh! camarade, on n'entre pas en veste ici. — La
France pleure les victimes.— Grands Sauteurs.— Le Pieu-
Monarque et diverses caricatures politiques. — Sept
pièces.

Belles épreuves.

131 — L'Escalade. — Sujets de chasse. — Titre de romance
et sujets divers. — Dix pièces.

Épreuves avant lettres et sur chine.

132 — Croquis divers. — Quinze pièces.

DECAMPS (d'après)

133 — L'Ecole turque, par Henriquel-Dupont. -- Deux pièces,
dont une avant la lettre.

Belles épreuves.

134 — Bataille des Cimbres. Gravure à la manière noire.

Belle épreuve avant toutes lettres.

135 — Collection de M. Périer. — Dix pièces gravées par
Marvy, dans la couverture de publication.

Très belles épreuves.

136 — Sujets divers par et d'après Decamps, publiés par le
journal *l'Artiste*. — Dix-sept pièces.

Belles épreuves.

DELACROIX

137 — Son Portrait, par Gigoux. — Un médaillon. — Deux
pièces.

Belles épreuves.

138 — Le Christ au Roseau.

Très belle épreuve du 1er état, avant l'inscription : *Cabinet de l'Ama-
teur*.

139 — La même pièce.

Très belle épreuve.

DELACROIX

140 — Un ange agenouillé sur des nuages, désignant une banderolle sur laquelle est inscrit : Eaux-fortes, par Eug. Delacroix.

Très belle épreuve.

141 — Seigneur cuirassé, tenant une epée.

Très belle épreuve.

142 — Soldat allemand tenant un cheval par la bride.

Très belle épreuve sur chine.

143 — Femme nue, vue de dos.

Très belle épreuve.

144 — Chef maure à Mecknez.

Très belle épreuve.

145 — Tigre couché. — Le Forgeron. — Deux pièces.

Très belles épreuves, dont une sur papier ancien.

146 — Médailles. — Cinq pièces.

Belles épreuves.

147 — Femmes d'Alger. — Le Tasse dans sa prison. — Muletiers. — Sept pièces.

Belles épreuves.

DELACROIX (d'après)

148 — Lithographies et eaux-fortes, par Hédouin, Mouilleron, Le Roux, etc. — Douze pièces.

Belles épreuves.

149 — Macbeth, par Metzmacher.

Belle épreuve avant la lettre.

150 — Médée, deux épreuves, dont une avant la lettre. — Saint Sébastien. — Héliodore. — Quatre pièces.

Belles épreuves.

151 — Médée. — L'Ermite Copmanhurst et le Chevalier. — Deux pièces.

Belles épreuves.

DESBOUTINS

152 — Mlle Mou-Mou.

> Très belle épreuve.

153 — La Tasse de lait. — La Comédie. — La Femme au chien. — Trois pièces.

> Très belles épreuves.

154 — Portraits du comte Lepic, de M. Renouard, de M. Levrault. — Trois pièces.

> Très belles épreuves.

DESBROSSES

155 — Paysage.

> Très belle épreuve avant la lettre.

DESNOYERS

156 — Vénus désarmant l'Amour. — L'Espérance soutien le malheureux. — Deux pièces.

> Belles épreuves.

DEVEAUX

157 — Portrait de M. Hippolyte Lebas, architecte, d'après Cabanel.

> Très belle épreuve.

DIDIER

158 — Portrait d'homme, d'après Raphaël.

> Très belle épreuve sur japon, avant la lettre.

159 — Portrait d'homme, d'après Raphaël.

> Très belle épreuve avant la lettre.

DILLENS

160 — Scène du moyen âge. Premier état. Rare.

> Très belle épreuve avant la lettre.

EVERSHED

161 — Bords de la Tamise, à Tickenam. — Deux pièces.

> Belles épreuves.

FALGUIÈRES-FORBES

162 — Les Idiots mendiants. — Épisode de la guerre d'Amérique. — Deux pièces.
Belles épreuves sur japon.

FANTIN-LATOUR

163 — Femmes lisant et brodant. Deux épreuves. Premier et second état, l'une signée avec dédicace.
Belles épreuves.

FEYEN-PERRIN

164 — Un frontispice. — Intérieur anglais, d'après Horsley, — Deux pièces.
Belles épreuves avant lettres.

FEYEN-PERRIN (d'après)

165 — Le Retour des pêcheuses, par Martial.
Très belle épreuve sur japon, avant la lettre, signée.

FLAMENG (L..)

166 — Angélique, d'après Ingres.
Très belle épreuve avant la lettre, sur chine.

167 — La même pièce.
Très belle épreuve sur chine.

168 — Femme d'Utrech. — La Peste de Marseille. — Deux pièces.
Très belles épreuves sur chine, avant la lettre.

169 — Le Secret de l'amour.
Très belle épreuve avant la lettre, sur chine, signée.

170 — Saskia. — Types divers du XVIIIe siècle. — Deux pièces.
Très belles épreuves avant la lettre, sur chine.

171 — La Pièce dite aux cent florins, d'après Rembrandt.
Très belle épreuve avant la lettre.

FLAMENG (L.)

172 — Jésus et les enfants. — La Sainte Famille, d'après Rembrandt. — Deux pièces.

Belles épreuves avant la lettre.

173 — Danaé, d'après Greuze. — Fuite en Egypte, d'après Gigoux. — Mme de Pompadour. — Portrait d'homme. — Quatre pièces.

Belles épreuves avant la lettre.

174 — Saint Sébastien. — La Nativité. — Mer houleuse. — — Fuite en Égypte. — La Visite à l'accouchée. — Cinq pièces.

Belles épreuves.

FORTUNY

175 — Tête de supplicié.

Belle épreuve.

FORTUNY (d'après)

176 — Le Choix du modèle, par Champolliou. Premier état.

Superbe épreuve sur japon impérial.

177 — La même pièce.

Superbe épreuve d'artiste, terminée, sur japon impérial.

FRANÇOIS

178 — Le Génie captif, d'après P. Delaroche.

Belle épreuve avant la lettre, sur chine.

GAILLARD

179 — Jean Bellin.

Très belle épreuve avant toutes lettres, sur chine

180 — Le comte de Chambord.

Très belle épreuve d'artiste, signée.

181 — Le Dante.

Très belle épreuve avant la lettre, sur chine.

GAILLARD

182 — L'Homme à l'œillet.

Très belle épreuve avant la lettre, sur chine, signée.

183 — Le Pape Pie IX.

Superbe épreuve d'artiste, signée.

184 — OEdipe et le Sphinx, d'après Ingres.

Belle épreuve.

185 — Portrait de Gondottière, d'après Antonello de Messine. — Le Dante. — La Vierge au Donateur, d'après Jean Bellin. — Trois pièces.

Belles épreuves.

GAUCHEREL

186 — Tombeau du Taciturne, à Delft. — Intérieur d'église, d'après de Witt. — Deux pièces.

Belles épreuves avant la lettre.

GAVARNI

187 — Son Portrait. — Mme la duchesse d'Abrantès. — Thénot. — Arnal ; trois pièces. — *Journal des gens du monde;* onze pièces coloriées. — Travestissements, n°s 1 à 9. — Travestissements parisiens et modes ; treize pièces. — Nouveaux travestissements parisiens ; cinquante-neuf pièces coloriées. — La Correctionnelle; vingt-six pièces ; — Études d'enfants. — La Magicienne, etc. ; douze pièces. — Ensemble, cent trente-quatre pièces.

Belles épreuves.

188 — Le Foyer. — La Chanson de table. — Deux grandes pièces en largeur. In-fol.

Belles épreuves sur chine.

189 — Masques et visages. — Les Lorettes. — Le Carnaval. — Les Actrices, etc. — Soixante-douze pièces en noir et coloriées.

Belles épreuves.

190 — *Journal des gens du monde.* — Treize pièces.

Belles épreuves.

GAVARNI

191 — Suite de treize pièces sur la musique, gravées par Rouargue, Calamatta-Willmann.

Belles épreuves.

GÉRARD (d'après)

192 — Suite de douze estampes un quart pour les Lusiades de Camoëns, plus trois pièces à l'état d'eaux-fortes pures. — Ensemble, seize pièces.

Superbes épreuves, avant la lettre. Grandes marges.

GÉRICAULT

193 — Quatre Portraits différents.

Belles épreuves.

194 — Le Porte-Etendard (Catalogue de M. Ch. Clément, 3, r. r.).

Très belle épreuve.

195 — Passage du Mont Saint-Bernard (22).

Belle épreuve.

196 — A party of life guards (28). A french farrier (33). — Deux pièces.

Belles épreuves.

197 — Suite de cinq pièces publiées chez Mme Hulin (87-91.)

Très belles épreuves.

198 — Lara blessé. Deux épreuves, dont une avant la lettre, et divers. — Quatre pièces.

199 — Études de chevaux, d'après nature. — Douze pièces.

Belles épreuves.

200 — Lion dévorant un cheval. Deux épreuves, dont une avant la lettre. — Études de chevaux. — Titre, sujets divers. — Dix-huit pièces.

Belles épreuves.

201 — Album d'études de chevaux. — Trente-deux planches et le portrait. A Paris, chez Gihaut.

Très belles épreuves. Collection Reiset.

GÉRICAULT (d'après)

202 — Chevaux et sujets divers, par Volmar et Jayler. — Douze pièces.

Belles épreuves avant lettres, sur chine.

GÉROME

203 — Le Fumeur.

Très belle épreuve avant la lettre.

204 — Tête de Négresse.

Très belle épreuve avant la lettre, sur chine.

GILBERT

205 — Les Lutteurs, d'après Falguières.

Épreuve d'artiste avant toutes lettres.

206 — Musico-hollandais. — Cabaret flamand, d'après Van Ostade. — Deux pièces.

Belles épreuves avant la lettre, sur chine.

207 — Le Jugement de Salomon, d'après Rubens. — Portrait de Gonzalès Coques. — Deux pièces.

Belles épreuves avant la lettre.

GŒNETTTE

208 — Au Bord de la mer.

Très belle épreuve.

209 — La Lecture du journal.

Très belle épreuve.

GONCOURT (de)

210 — Le masque de Rousseau.

Très belle épreuve avant la lettre.

GRANVILLE

211 — Galerie mythologique. — Six pièces coloriées.

Belles épreuves.

212 — Musée Danton. — Huit pièces et le titre.

Belles épreuves.

GRANVILLE

213 — Les Tribulations d'un bourgeois de Paris. — Douze
pièces coloriées.

Très belles épreuves.

214 — Les Amusements de l'enfance. — Les Plaisirs de la jeu-
nesse. — Les Jouissances de l'âge mûr. — Les Passe-temps
de la vieillesse. — Dix pièces coloriées.

Belles épreuves.

215 — Walter Scott (Schériff) lisant le *Riot-act* à Alexandre. —
Rassemblement. Grande pièce en largeur. Rare.

Très belle épreuve.

216 — Voyage moral et pittoresque du prince Kamchaka. —
Représailles. — Les Candidats. — Les Dégommés. —
Mayeux. — Quelques originaux, etc. — Vingt pièces
rares.

Belles épreuves.

GUDIN

217 — Marines et Paysages. — Essais à l'eau-forte. Suite de
six pièces. — Rares.

Très belles épreuves.

HÉDOUIN

218 — Scène de la Révolution, d'après A. Leleux.

Très belle épreuve avant la lettre.

219 — Diane sortant du bain, d'après Boucher.

Belle épreuve.

220 — Les Trois âges. — Ophélie, d'après Delacroix. — Un
paysage, signé. — Portrait d'homme. — Quatre pièces.

Belles épreuves avant la lettre.

HENRIQUEL-DUPONT

221 — Le comte Duchâtel, d'après Flandrin.

Très belle épreuve avant la lettre.

HENRIQUEL-DUPONT

222 — Cromwell, d'après Paul Delaroche. — L'Ecole turque,
d'après Decamps. — Deux pièces.
>Belles épreuves.

223 — Entrée de Henri IV dans Paris, d'après Girard.
>Superbe épreuve sur chine, avant toutes lettres.

HÉREAU (J.)

224 — Les Moutons de Claudine.
>Belle épreuve avant la lettre.

HERKOMER (H.)

225 — Souvenir de Rembrandt.
>Très belle épreuve d'artiste, sur japon impérial. Rare.

226 — Welsh Woman.
>Très belle épreuve d'artiste, sur papier de Hollande. Rare.

HUET (Paul)

227 — Le Bois de La Haye.
>Belle épreuve avant la lettre.

228 — Paysages. — Deux pièces
>Belles épreuves avant la lettre.

229 — Le Torrent. —La Ferme. — Deux pièces.
>Très belles épreuves avant la lettre, sur chine.

INGRES

230 — Quatre gentilshommes en costume moyen âge, sur des
chaises à haut dossier.
>Très belle épreuve.

INGRES (d'après)

231 — M. de Bombelles, par Fournier.
>Belle épreuve.

232 — Henri IV et ses enfants, par Richomme.
>Belle épreuve.

INGRES (d'après)

233 — Jésus au milieu des Docteurs.—L'Odalisque à l'esclave.
— Deux pièces.

Très belles épreuves avant la lettre.

234 — Odalisque couchée. — Odalisque, par Sudre. — Deux
pièces.

Belles épreuves.

ISABEY

235 — Radoub d'une barque à marée basse. — Environ de
Dieppe.—Rue des Grès, à Clermont.—Souvenir de Saint-
Valery. — Quatre pièces, dont trois sur chine.

Belles épreuves.

JACQUE (Ch.)

POINTES SÈCHES

236 — Paysage. — Orage (Cat. J.-J. Guiffrey, 249), tiré à six
exemplaires. — La Forge (252), tiré à quinze exemplaires.
— Deux pièces.

Très belles épreuves.

237 — La Petite forge (213). — Les Buveurs (218). — Vieillard en prière (219). Deux épreuves. — Le Cavalier (218).
Tiré à vingt exemplaires. — Auberge (258). Tiré à vingt
exemplaires.—L'Abreuvoir (259). Tiré à vingt-cinq exemplaires. — Vaches à l'abreuvoir (268). Tiré à vingt-cinq
exemplaires. — Huit pièces.

Très belles épreuves.

238 — Moine en prière (216). Pièce très rare. — La Nourrice,
tiré à vingt-cinq exemplaires. — Deux pièces.

Belles épreuves.

EAUX-FORTES

239 — Paysage (38). — Intérieur de ferme (73). — Une
Cour (75). Premier état avant que le coq ait été effacé. —
Le Cavalier (83). — Troupeau de Porcs (85). — Troupeau

de Porcs (92). — Le Rémouleur (96). — Un Coin de la forêt de Fontainebleau (142). — Une Femme et deux vaches (147), etc. — Onze Pièces.

Belles épreuves.

JACQUE (Ch.)

240 — La Souricière. — Paysage, d'après Rousseau. — Cerfs. — Troupeau de Porcs. — Sujets divers. — Vingt-quatre pièces.

Belles épreuves.

241 — Portrait de M. Luquet.

Très belle épreuve sur chine, avant toutes lettres.

242 — Buveur (12). — Escalier devant une maison (13). — Tête de vieillard (18). — Joueur d'orgue (21). — Paysage d'hiver (23). — Anon (45). — Repas de paysans (49). Deuxième état. — Poésie dans les bois (61). — Paysages. — Saules (65). — Troupeau de Porcs (87). — Porte d'auberge (88). — Paysage, soir (94). — Le Rémouleur (96). — Lisière de forêt (149). — Quinze pièces.

Belles épreuves.

243 — Coqs et poules. — Portrait de Ch. Jacque. — Essais de pointe sèche. — Sujets divers. — Onze pièces.

Très belles épreuves sur chine.

JACQUEMART (J.)

244 — Les Quatre éléments, dans leur couverture de publication.

Belles épreuves.

245 — Huit études et compositions de fleurs.

Belles épreuves.

246 — Courrier du pays des Ouleds-Nayls, d'après Fromentin.

Très belle épreuve avant la lettre.

247 — Le Soldat et la fillette qui rit, d'après Van Der Meer.

Très belle épreuve avant la lettre.

JACQUEMART (J.)

248 — Élisabeth de Valois, d'après Antonio Moro.

Très belle épreuve avant la lettre, sur parchemin.

249 — Chasse à courre, d'après Fyt.

Très belle épreuve avant la lettre.

250 — L'Orage, d'après Greuze.

Très belle épreuve sur japon, avant la lettre.

251 — Défilé des populations lorraines devant S. M. l'Impératrice, à Nancy, d'après Meissonier.

Très belle épreuve (encadrée.)

252 — Le Vieux-Marché, à Fécamp.

Très belle épreuve sur japon, avant la lettre.

253 — Sir Richard Wallace, d'après P. Baudry.

Très belle épreuve avant la lettre.

254 — Marine, d'après Van Cappelle.

Très belle épreuve avant la lettre.

255 — Tête de vieillard, d'après Rembrandt.

Très belle épreuve avant la lettre.

256 — Avant le bal.

Très belle épreuve sur japon, avant la lettre.

257 — Gemmes et Joyaux. — Dix pièces.

Très belles épreuves avant la lettre.

258 — Une Génoise. — Soucoupe japonaise. — Deux pièces.

Belles épreuves avant la lettre.

259 — Souvenirs de voyage.

Très belle épreuve.

260 — Le Soldat et la fillette qui rit. — Jacob Van Veen. — Bijoux du XVIᵉ siècle. — Vase à boire. —Quatre pièces.

Très belles épreuves.

JOHANNOT (Tony et Alf.)

261 — Vignettes pour Cooper. État d'eau-forte pure. — Dix-sept pièces. Grandes marges.

> Superbes épreuves sur chine.

— Vignettes pour Chateaubriand. — Dix-huit pièces. Grandes marges.

> Superbes épreuves avant toutes lettres, sur chine.

— Vignettes pour le théâtre de Scribe. — Cent dix pièces.

> Épreuves avant la lettre, sur chine, tirées deux à la feuille.

— Vignettes diverses. — Trente-huit pièces.
Ensemble, cent quatre-vingt-trois pièces.

> Belles épreuves avant la lettre, sur chine.

LAFITTE

262 — Naissance de Henri IV. — Deux pièces, dont une à l'état d'eau-forte pure, et l'autre avant la lettre, sur chine.

> Très belles épreuves.

LALANNE

263 — La rue des Marmousets. — Démolitions du faubourg Saint-Germain. — Deux pièces.

> Très belles épreuves avant la lettre.

264 — Vue de Delft. — Paysage italien. — Les Chaumières. — Vue de Grèce. — Quatre pièces.

> Belles épreuves.

LALAUZE

265 — La Foire aux servantes. — Trois pièces. Etats différents.

> Très belles épreuves d'artiste.

266 — Sortie d'église, d'après Eugène Lamy.

> Très belle épreuve avant la lettre.

267 — La marquise de Chauvelin, d'après Greuze.

> Très belle épreuve avant la lettre.

LAMY (E.)

268 — Le faubourg Saint-Honoré. — Le Marais. — Le faubourg Saint-Germain. — La Chaussée d'Antin. — Quartier de la Bourse. — Quartier Saint-Denis. — Suite de six pièces coloriées. Très rare.

    Très belles épreuves.

269 — Monsieur, vous perdez votre domestique. — Un Cheval ombrageux. — Une File. — Les Paveurs et la poussière. — Un mauvais présage. — Au diable la poussière.—Suite de six pièces coloriées. Très rare.

    Très belles épreuves.

270 — Voitures. — Suite de douze pièces coloriées.

    Très belles épreuves.

271 — Voitures. — Cinq pièces.

    Belles épreuves.

272 — Voitures. — Chasse. — Course. — Vingt-six pièces.

    Belles épreuves.

LANÇON

273 — La Glacière. — Un Vieux lion. — Deux pièces.

    Belles épreuves avant la lettre, sur japon.

LAUGIER

274 — Héro et Léandre, d'après Delorme.

    Belle épreuve.

LEGROS

275 — La Petite Marie (30).

    Très belle épreuve.

276 — Les Mendiants anglais (85). — La Mort et le bûcheron (142). — L'Incendie (143). — Trois pièces.

    Belles épreuves sur japon.

277 — Procession dans une église espagnole (49). Troisième des cinq états.

    Très belle épreuve.

LEGROS

278 — La Communion dans l'église Saint-Médard (54). Premier état avec l'homme à genoux. — Les Pestiférés de Rome (60). — Le Mouton retrouvé (86). — Trois pièces.

    Très belles épreuves.

279 — Procession dans les caveaux de Saint-Médard (48). — Saint Gérome (58). — Les Vagabonds de Montrouge (71). — L'Expérience d'électricité (114). — L'Ambulance (124). — La Veillée mortuaire (125). — Les Archers, d'après Leys (165). — Sept pièces.

    Très belles épreuves.

280 — Le Réfectoire. — Le Manège. — Le Lutrin. — Trois pièces.

    Belles épreuves, sur chine.

LEMUD (DE)

281 — Maître Wolframb. — L'Enfance de Callot. — La Tasse de café. — Trois pièces.

    Belles épreuves.

LEPIC (vicomte)

282 — César. — Jupiter. — Chien caniche. — Donnez à qui prie et demande. — Quatre pièces.

    Belles épreuves.

LEPRINCE (X.)

283 — Les Inconvénients. Suite complète de douze pièces coloriées. Curieuse et rare.

    Très belles épreuves.

LERAT

284 — Ricard, peintre. — Portrait d'homme. Deux états différents. — Trois pièces.

    Belles épreuves avant la lettre.

LEYS

285 — La Promenade hors les murs.

Très belle épreuve avant la lettre.

— Les Archers.

Très belle épreuve.

MANET (Ed.)

286 — Le Toréador. — Le Buveur. — Les Gitanos. — Trois pièces, dont deux avant la lettre.

Belles épreuves.

MARE (de)

287 — M. de Lesseps.

Très belle épreuve sur japon, avant la lettre. Signée.

288 — La reine de Hollande.

Très belle épreuve sur japon. Signée.

289 — Le Connétable de Montmorency, d'après un émail du Louvre.

Très belle épreuve sur japon. Signée.

MARTINET (A.)

290 — Le Sommeil de Jésus, d'après Raphaël.

Très belle épreuve.

MARVY

291 — Paysages d'après les maîtres anglais et français. —Croquis noirs. — Eaux-fortes, d'après Rembrandt. — Deux cent quinze pièces, dont cent quatre-vingts avant la lettre.

Superbes épreuves.

MASSARD (Léopold)

292 — Tête d'homme.

Très belle épreuve avant la lettre.

MASSARD (Urbain)

293 — Apollon et les Muses, d'après Jules Romain.

Belle épreuve.

MASSON

294 — Martyre de saint Barthélemy, d'après Ribéra.
Très belle épreuve.

MEISSONIER

295 — Le Fumeur assis.
Très belle épreuve.

296 — Le Sergent recruteur.
Très belle épreuve sur chine, avant les mots Imp. Salmon, et avec l'astérique.

297 — Le Polichinelle.
Très belle épreuve.

MEISSONIER (d'après)

298 — Les Amateurs de peinture, par Flameng.
Très belle épreuve sur chine.

299 — Alexandre Dumas fils, par Mongin. A l'état d'eau-forte pure et terminée.
Très belle épreuve. Signée.

300 — Défilé sur une route.
Belle épreuve.

301 — Le Fumeur flamand, par Rajon.
Très belle épreuve avant la lettre. Signée.

302 — L'audience, par Carey.
Très belle épreuve avant la lettre, les noms tracés à la pointe.

303 — Militaire. — Costume Louis XIII, par M. Charles Blanc.
Très belle épreuve. Rare.

304 — Le Liseur assis, par Flameng.
Très belle épreuve avant la lettre.

305 — Le Maréchal-ferrant, par Fournier.
Belle épreuve.

306 — Un Cavalier, par Lorat.
Épreuve d'eau-forte pure.

MEISSONNIER (d'après)

307 — Joueur de mandoline, par Lerat.
Belle épreuve avant la lettre.

308 — Défilé des populations lorraines à Nancy, par Jacquemart.
Très belle épreuve.

309 — Le Sergent recruteur, par Hédouin.
Belle épreuve.

310 — Le Portrait du docteur, par Pigeot.
Très belle épreuve sur chine.

311 — Une Soirée chez Diderot, par Mongin. Etat d'eau-forte
assez avancé.
Très belle épreuve, signée.

312 — L'Ordonnance, par Mongin.
Très belle épreuve avant la lettre, signée.

313 — Jeune homme jouant de la basse. — Gentilhomme
jouant de la mandoline, par Mouilleron. — Deux pièces.
Belles épreuves.

MERCURY

314 — Les Moissonneurs dans les marais Pontins.
Belle épreuve.

315 — Le Tasse.
Belle épreuve sur chine.

316 — Sainte Amélie.
Très belle épreuve.

317 — Jane Gray, d'après Paul Delaroche.
Belle épreuve.

MÉRYON (C.)

318 — Son Portrait, par L. Flameng.
Très belle épreuve sur japon.

MÉRYON (C.)

319 — Le Pavillon de Mademoiselle et une partie du Louvre, à Paris. (N° 8 du catalogue de Ch. Méryon, par M. Ph. Burty.)

Très belle épreuve.

320 — Vue de l'ancien Louvre, du côté de la Seine.

Belle épreuve.

321 — Entrée du faubourg Saint-Marceau, à Paris (9).

Très belle épreuve sur papier ancien.

322 — Rue Pirouette, aux Halles (24). — Deuxième état.

Très belle épreuve sur chine volant.

323 — Présentation au roi Louis XI du *Valère Maxime*, imprimé à Paris, vers 1475 (25).

Très belle épreuve.

324 — Chevet de Saint-Martin-sur-Renelle, église paroissiale supprimée en 1791.

Superbe et très rare épreuve avant la lettre, à l'eau-forte pure, sur chine.

325 — Passerelle du Pont-au-Change (27). — Tourelle de la rue de l'École-de-Médecine (22). — Le Ministère de la marine. — Trois pièces.

Belles épreuves.

326 — Partie de la cité de Paris vers la fin du XVIII° siècle (28).

Superbe épreuve, du 1er état terminé, tirée à vingt exemplaires.

327 — La même estampe.

Très belle épreuve.

328 — Le Grand-Châtelet (29). — Deuxième état.

Très belle épreuve.

329 — Bains froids Chevrier, dits de l'École (84).

Belle épreuve.

330 — Le Stryge (37). Troisième état.

Très belle épreuve.

MÉRYON (C.)

331 — La Pompe Notre-Dame (45). Deuxième état.
Très belle épreuve.

332 — Le Pont-Neuf (47). Troisième état.
Très belle épreuve sur chine volant.

333 — Adresse de Rochoux (54). Deuxième état. Imprimée à deux tons.
Très belle épreuve.

334 — Le Malingre Cryptogame (61).
Belle épreuve.

335 — Nouvelle-Zélande, presqu'île de Banks (66).
Belle épreuve.

336 — Projet d'encadrement pour un portrait d'imprimeur (79).
Belle épreuve.

337 — Evariste Boulay Paty (89).
Très belle épreuve sur papier du japon.

338 — Pierre Nivelle, évêque de Luçon (91).
Très belle épreuve.

339 — Jean Besly, d'après I. Isaac (93). — René de Burdigale, sieur de Laudonnière-Sablais, d'après Crispin de Pas (94). — Deux pièces.
Très belles épreuves.

MICHEL (d'après)

340 — Vue de Bercy. Très jolie eau-forte en largeur. Grand in-fol.
Très belle épreuve avant la lettre.

MILLET (J.-F.)

341 — La Tricoteuse (P. B. 5). Premier état, sur papier vergé.
Très belle épreuve.

MILLET (J.-F.)

342 — L'Homme à la brouette (6). Premier état, sur papier ancien.

Très belle épreuve.

343 — La Baratteuse (7). Sur papier ancien.

Très belle épreuve.

344 — La Couseuse (8). Sur chine.

Belle épreuve.

345 — La Femme à la bouillie (9).

Belle épreuve.

MILLET (d'après)

346 — Les Glaneuses, par Courtry.

Très belle épreuve, signée.

MONGIN

347 — Sur la grande route, d'après Glandini.

Très belle épreuve avant toutes lettres, et avec les signatures du peintre et du graveur.

MONNIER (H.)

348 — *Esquisses parisiennes.* — Indiscrétion. — Un Mariage de raison. — Un Monsieur à bonnes fortunes. — Les Bons parents. — Un Parrain. — Les Politiques. — Une Méprise. — Une Débutante. — Les Visites. — Une protectrice. Suite complète de dix pièces coloriées, plus la couverture.

Très belles épreuves. Grandes marges.

349 — Frontispice. — Habitants. — Les Femmes soumises. — En avant deux. — L'Economie du fiacre. — Le Bon gendarme. Suite de six pièces coloriées.

Très belles épreuves. Grandes marges.

350 — Mobilier d'antichambre. — Réunion d'hommes d'Etat. — Le Panier à deux anses. — Même sujet. — La Promenade du matin. — La Résignation. — Aliments des babauds. — Vanité. — Suite de huit pièces coloriées.

Très belles épreuves. Grandes marges.

MONNIER (H.)

351 — *Mœurs parisiennes.* — Suite complète de dix pièces coloriées.

Très belles épreuves. Grandes marges.

352 — *Exploitation générale des modes et ridicules de Paris et Londres.* — Six pièces coloriées et la couverture.

Très belles épreuves. Grandes marges.

353 — *Les Marionnettes.* — Monsieur termine sa philosophie. — La Mère de Mlle ***. — Un Pauvre diable paie ses bottes. — Une Fille à marier. — Le Dernier jour de veuvage. — Cinq pièces coloriées. Très rares.

Très belles épreuves. Grandes marges.

354 — *Récréations.* — Suite complète de trente-huit pièces coloriées. Très rares.

Superbes épreuves. Grandes marges.

355 — *Mœurs administratives.* — Chef de division. — Sous chef — Chef de bureau. — Employé. — Surnuméraire. — Garçon de bureau. Suite de six pièces coloriées.

Très belles épreuves. Grandes marges.

356 — *Mœurs administratives.* — Huit heures. — Dix heures. — Dix heures et demie. — Midi. — Une heure. — Quatre heures. — Compliments au directeur. — Sept pièces coloriées.

Très belles épreuves. Grandes marges.

357 — *Galerie théâtrale.* — Suite complète de vingt-quatre pièces coloriées, plus la couverture.

Très belles épreuves. Grandes marges.

358 — Avec beaucoup de plaisir, Monsieur. — Voulez-vous me faire l'honneur, Mademoiselle ? — Satisfaction personnelle. — Embarras de soi-même. — Mes Jours de danse sont passés. — Mécontentement intérieur. — Le Journal ne dit rien. — Distraction. — Je ne trouve plus de danseurs. — Un Chanteur de romance. Suite complète de dix pièces coloriées. Très rare.

Très belles épreuves. Grandes marges.

MONNIER (H.)

359 — *Six quartiers de Paris.* — Le Faubourg Saint-Germain.
— Faubourg Saint-Honoré. — Quartier de la Bourse. —
Chaussée-d'Antin. — Quartier Saint-Denis. — Le Marais.
Suite complète de six pièces coloriées, plus le titre.
> Superbes épreuves. Grandes marges.

360 — Suite de douze planches coloriées, dans laquelle se
trouve les Péchés capitaux. Rare
> Très belles épreuves. Grandes marges.

361 — Une Soirée à la mode. — Des Messieurs de bonne
maison. — Deux pièces coloriées.
> Très belles épreuves.

362 — Les mêmes pièces coloriées.
> Très belles épreuves.

363 — *Vues de Paris.* — Avant dîner. — Après dîner. — Pa_
renté de province. — Aristocratie financière. — Quatre
pièces coloriées, plus le titre.
> Très belles épreuves.

364 — Avant, pendant, après. — Le voilà revenu sur l'eau.—
Les Sauveurs de la France. — La Marmite renversée. —
Ces gens-là, Monsieur le comte, ne tiendront pas deux
jours. — On vous donnera sur les doigts, Messieurs les
libéraux. — Six pièces coloriées.
> Très belles épreuves. Grandes marges.

365 — *Impressions de voyage.* — Suite de six pièces coloriées.
> Belles épreuves.

366 — *Récréations.* — Suite de six pièces coloriées.
> Très belles épreuves.

367 — Les Gens sans façon. — Cinq pièces coloriées.
> Belles épreuves.

368 — *Londres.* — Nymphe de la Tamise. — Lady. — Le
— Paiement des sottises. — Enterrement du peuple. —
Post-man. — Enfants de paroisses. — Six pièces coloriées.
Très rares. Ces pièces sont toutes différentes de celles du
Voyage en Angleterre.
> Très belles épreuves. Grandes marges.

MONNIER (H.)

369 — *Les Grisettes.* — Très jolie suite de six pièces coloriées. Très rares. (Elles sont en largeur, avec encadrement.
  Très belles épreuves. Grandes marges.

370 — Les Petites félicités humaines. — Les Petites misères humaines. — Dix pièces coloriées.
  Très belles épreuves. Grandes marges.

371 — *Théâtre.* — Lepeintre ainé. — Lepeintre jeune. —Fontenay. — Mme Carmouche. — Henri Monnier dans *la Famille improvisée.* — Quatre pièces coloriées.
  Belles épreuves.

372 — *Boutades.* — Un Grand personnage. — Les Gobe-Mouches. — Je n'aime pas les épinards. — Le Surnuméraire. — L'Épicier. — M. Ledru. — Six pièces coloriées et le titre.
  Très belles épreuves. Grandes marges.

373 — *Les Métiers.* — Marchandes de modes. — Un Café. — Apothicaire. — Le Marchand d'estampes. — Le Bouquiniste. — Restaurateur. — Six pièces coloriées.
  Très belles épreuves. Grandes marges. Très rares.

374 — Lecture du Journal. — Dilettanti. — Explosion, etc.— Six pièces coloriées.
  Très belles épreuves. Grandes marges.

375 — Un Fat. — Un Bon ménage. — Changement de livrée. — Une Bête malfaisante — La Première faction. — Des Mendiants. — Bien le bonsoir — Les Cochers. — Paris-Londres. — Le Chevalier de Mengenville. — Un Propriétaire. — Dix pièces coloriées.
  Belles épreuves. Grandes marges.

376 — Chacun son tour. — Malcolm. — La Vedette écossaise. — Titres de romances. — Un Propriétaire. — Sept pièces.
  Belles épreuves.

MONNIER (H.) et LAMY (E.)

377 — Voyage en Angleterre.—Vingt-huit planches coloriées.
  Très belles épreuves.

MORGHEM (R.)

378 — La Danse des nymphes, d'après Le Poussin.
Belle épreuve.

379 — La Vierge à la chaise, d'après Raphaël.
Belle épreuve avant la lettre.

MORSE

380 — Le Pape Léon XIII.
Très belle épreuve sur japon.

MULLER

381 — Sainte Catherine, d'après Léonard de Vinci.
Très belle épreuve.

PRUDHON

382 — La Famille malheureuse.
Très belle épreuve avant les retouches.

PRUDHON (d'après)

383 — Enlèvement d'Europe, par Müller.
Très belle épreuve avant toutes lettres. Toutes marges.

384 — L'Amour séduit, le Plaisir entraîne, le Repentir suit.
Très belle épreuve avant la lettre. Toutes marges.

385 — La même pièce.
Belle épreuve.

386 — Choisir l'objet, l'enflammer, en jouir. — Trois pièces.
Belles épreuves. Grandes marges.

387 — Daphnis et Chloé. Suite complète de neuf vignettes.
Très belles épreuves avant la lettre. Toutes marges.

388 — La même suite.
Belles épreuves.

389 — L'Amour réduit à la raison. — L'Amour vengé. — Deux
pièces.
Belles épreuves.

PRUDHON (d'après)

390 — Le Triomphe de Napoléon. — Jolie pièce gravée par Roger.

Très belle épreuve avant la lettre.

391 — Adresse de la veuve Merlen, avec l'adresse : Palais-Egalité, galeries de pierre, n° 15, à coté de la rue Richelieu.

Très belle épreuve.

392 — La même pièce. État non décrit. — Palais de l'Égalité, etc.

Très belle épreuve.

393 — La Raison parle, le Plaisir entraîne. — La Vertu aux prises avec le vice. — Deux pièces.

Belles épreuves.

394 — Phrosine et Mélidor, réduction par Roger, avant la lettre. — Daphnis et Chloé. — Deux pièces.

Très belles épreuves.

395 — Stellina introduisant Édouard dans la grotte de l'hospitalité. Épreuve avec le nom de Prudhon à la pointe. — Stellina surprise au bain, par Édouard, gravé par Roger. — Deux pièces, remontées.

Belles épreuves.

396 — Directoire exécutif, par Roger.

Très belle épreuve.

397 — La même pièce, en réduction, par Roger.

Très belle épreuve.

398 — Le Roi de Rome. — L'Impératrice Joséphine. — La Justice divine, par Roger. — L'Assomption de la Vierge. — Le Chemin de la croix. — Le Christ en croix. — Six pièces.

Belles épreuves.

399 — Mlle Mayer, par Flameng.

Très belle épreuve avant la lettre.

PRUDHON (d'après)

400 — Lithographies de Boilly, publiées par M. Sieurin, et
portant son adresse :

Apollon et les Muses; dix pièces imprimées en cinq
feuilles, avec le titre. — Trois Muses dansant. — L'Ame ;
deux pièces. — L'Egratignure, la Caresse ; deux pièces.
— Caprices; trois bas-reliefs sur une feuille. — Les Quatre
parties du jour ; quatre pièces sur la même feuille. —
Les Muses ; quatre pièces imprimées sur la même feuille,
avant la lettre. — Les Saisons, suite de quatre pièces imprimées, deux sur la même feuille, avec la bordure. —
Thémis, Vénus au bain, Joseph ; trois pièces. — Ensemble,
dix-huit pièces.

Très belles épreuves.

401 — Le Triomphe de Napoléon, par Morin. — Grande pièce
en largeur.

Très belle épreuve.

402 — La Toilette, par Morin. — La Justice divine, par
Moitte.—Zéphir, par Grévedon.—Une Lecture.—L'Amour
vainqueur. — La Vierge. — Six pièces.

Belles épreuves.

403 — La Soif de l'or. — La Famille malheureuse. — Les
Vendanges. — La Vierge. — Quatre pièces, lithographiées
par Aubry-Lecomte.

Très belles épreuves.

404 — L'Enlèvement d'Europe. — Très jolie lithographie,
avec le monogramme de l'artiste.

Superbe épreuve sur papier japon.

405 — Le Bain. — La Pudeur, par Bellengé. — Joseph et
Putiphar. — Amour avec une massue. — Le Génie des
arts. — Cinq pièces,

Belles épreuves.

406 — Daphnis et Chloé. — La Danse. — le Bain de Flore. —
Joseph, etc. — Dix pièces.

Belles épreuves.

RAFFET

407 — Portraits de A. Raffet (rare), Lebrun, etc. Sujets d'albums. — Ensemble, 46 pièces.

> Belles épreuves.

408 — *Retraite de Constantine.* — *Prise de Constantine.* Album relié dans lequel on a ajouté : Drapeau du 17° léger. — Combat d'Oued-Alleg.—Le colonel du 17° léger.—S. A. le duc d'Aumale.

> Très bel exemplaire. Épreuves sur chine.

409 — *Le Siège d'Anvers.* — Album relié. — Vingt-quatre planches.

> Belles épreuves.

410 — *Souvenirs d'Italie.* — *Expédition de Rome.* — Album relié. — Trente-six planches.

> Très belles épreuves.

411 — Portrait de Raffet. Huit titres différents pour les albums. — Napoléon à Waterloo. — Saint-Arnauld. — Pièces rares. Sujets tirés des albums parus entre 1828 et 1837. — Cent dix pièces.

> Belles épreuves.

412 — Vignettes pour différents ouvrages. — Trente-deux pièces.

> Belles épreuves.

RAJON (P.)

413 — Cortigiana, d'après Blanchard.

> Très belle épreuve sur chine.

414 — Intérieur hollandais. Deux épreuves, dont une à l'eau-forte pure, et l'autre terminée.

> Très belles épreuves signées.

415 — La Femme au chapeau de paille, d'après Rubens.

> Très belle épreuve avant la lettre et avec des traits de burin dans la marge du cuivre.

416 — Intérieur en Alsace, d'après Vautier.

> Très belle épreuve avant la lettre, sur japon, signée.

RAJON (P.)

417 — Mme Pasca. d'après Bonnat.
Très belle épreuve sur chine.

418 — Miss Siddons, d'après Gainsborough.
Très belle épreuve sur chine, le nom de l'artiste à la pointe.

419 — La même pièce.
Très belle épreuve sur chine.

420 — John Stuart Mill, d'après Watts.
Très belle épreuve sur chine.

ROCHEBRUNE (O DE

421 — Façade du château de Chambord.
Très belle épreuve.

422 — Notre-Dame de Paris.
Très belle épreuve avant la lettre.

423 — Cathédrale de Strasbourg pendant le bombardement.
Très belle épreuve.

424 — La Rochelle. — Maison du XVIe siècle.
Très belle épreuve.

425 — Cheminée de l'atelier de Terre-Neuve.
Très belle épreuve.

ROUSSEAU (Th.)

426 — Le Chêne de roches.
Très belle épreuve avant le cuivre

SEYMOUR HADEN (F.)

427 — Battersca reach.—Épreuve avec le ballon et avant les bateaux.
Très belle épreuve.

428 — Old Chelsea.
Très belle épreuve.

SEYMOUR HADEN (F.

429 — Egham.

Très belle épreuve.

430 — Felham.

Très belle épreuve sur japon.

TISSOT (J.)

431 — Le Départ des émigrés.

Superbe épreuve, signée.

432 — Sur le gazon.

Superbe épreuve, signée.

433 — Le Veuf.

Superbe épreuve.

434 — Octobre.

Superbe épreuve, signée.

435 — Joueuse de cricket.

Superbe épreuve.

436 — Le Hamac.

Superbe épreuve.

437 — A Winter Walk.

Superbe épreuve, signée.

TRAVIÈS, PHILIPPON, PIGAL

438 — Mayeux. — Robert Macaire. —Divers, par Traviès. — Vingt pièces. — Scènes de sociétés. — Scènes populaires. — Scènes familières, par Pigal. —Soixante-seize pièces.— Déclarations par interprètes. — Douze pièces. Suite complète par Philippon. — Histoire d'une Comédienne. — Douze pièces. Suite complète. — Pièces diverses. —Compensations, etc., par Philippon. — Trente-six pièces.

Ensemble, cent cinquante pièces.

VALÉRIO

439 — Monténégrins. — Arnautes. — Huit pièces.

Belles épreuves.

VERNET (H.)

440 — *Portraits.* — Mme Perregaux. — Sébastiani. — Guérin.
— Chauvelin. — Le général Foy. — Quatre portraits dif-
férents d'Horace Vernet, par Boilly, Alophe, etc. — En-
semble, vingt pièces, dont plusieurs avant la lettre. — Les
Fables de La Fontaine. — Dix-huit pièces. — *La Henriade.*
— Seize pièces. — Chasses. — Courses. — Sujets de ba-
tailles. — Cent cinquante pièces.
Ensemble, deux cents pièces.
Belles épreuves.

441 — Sujets divers. — Lithographies. — Quarante pièces.
Belles épreuves.

VERNET (d'après)

442 — Judith et Holopherne. — A tous les cœurs bien nés que
la patrie est chère. — Deux pièces. Grand in-folio.
Très belles épreuves.

443 — Sujets divers. — Vingt-cinq pièces.
Belles épreuves.

WALTNER

444 — Le Baron de Wicq, d'après Van Dick
Superbe épreuve, signée.

445 — Vénus et le Temps, d'après Tiépolo.
Épreuve d'artiste, sur japon.

446 — Portrait de Mlle Masson, d'après P. Dubois.
Très belle épreuve sur japon, les noms tracés à la pointe.

447 — Entre l'Amour et la Richesse.
Très belle épreuve d'artiste sur chine, signée.

448 — Les Anges au tombeau, d'après Lévy. — La Vierge et
l'enfant Jésus, d'après Humbert. — Bœufs à l'abreuvoir,
d'après Troyon. — Saint Jean-Baptiste, d'après Murillo.—
Quatre pièces.
Très belles épreuves avant la lettre.

449 — Portrait de Mme B.
Superbe épreuve sur japon, les noms tracés à la pointe.

WEYRASSAT

450 — Saint Pierre, d'après Bida.

Très belle épreuve sur papier bleu, avant la lettre.

LIVRES ET CATALOGUES ILLUSTRÉS

451 — *La Caricature* (Journal). —Collection de lithographies tirées de cette publication. Trois cent quatre-vingts pièces.

Belles épreuves.

452 — Catalogue des tableaux provenant de la collection E. G. (1876.)

453 — Catalogue des tableaux provenant de la collection Ed. L. Jacobson. (1876.)

454 — Catalogue de la collection Laurent Richard. (1878.)

455 — Catalogue de vingt-trois tableaux provenant de la galerie San Donato (1868), illustré par Bracquemond.

456 — Catalogue de la collection d'objets d'art de San Donato. (1870).

457 — Catalogue des tableaux, dessins, aquarelles et miniatures de la collection de San Donato. (1870).

458 — Catalogue de la collection de tableaux de S. Van Walchren van Wadenoyen. (1876).

459 — Catalogue de la collection de M. John W. Wilson. (Jules Claye, 1873.)

Très bel exemplaire, portant le n° 408.

460 — GALERIE DE FLORENCE.—Deux grands volumes in-folio. — Exemplaire cartonnné, non rogné. Gravures sur chine.

Belles épreuves.

461 — *Lanté.* —Costumes. — Soixante-dix planches.

Bel exemplaire, cartonné.

462 — *E. Lamy et H. Monnier.* — Voyage en Angleterre. — — Vingt-quatre planches.

Exemplaire en livraisons, non rogné.

463 — *Lièvre.* — Les Collections célèbres d'œuvres d'art.
(Goupil. Paris, 1866.)

Exemplaire en feuilles, non rogné.

464 — *Neuville* (A. de). — Croquis militaires. — Vingt planches. Paris, Goupil et Cⁱᵉ.

465 — *Pauquet.* — Costumes. Suite complète de quatre-vingt-
seize planches, avec le texte anglais.

466 — *Piedagnel* (A,). J. F. Millet. — Souvenirs de Barbizon.
(1876).

467 — *Faïences françaises* (Recueil de) de Henri II et Diane de
Poitiers, dessiné par Carle Delange. Paris, 1861. — Dix-
huit planches.

468 — *South Kensington Museum* (Reproduction d'objets
d'art du). — Vingt-deux planches à l'eau-forte, avant
toutes lettres.

469 — *Traviès.* — Album contenant : les Promenades parisiennes. — Barrières de Paris. — Robert Macaire. — Phy-
sionomies de Paris. — Les rues de Paris. — Ensemble,
trente-deux planches.

Belles épreuves.

470 — Sous ce numéro, il sera vendu en lots un grand nombre
d'estampes, eaux-fortes, lithographies, caricatures, etc.

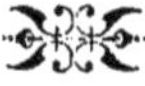

PARIS. — Imprimerie PILLET ET DUMOULIN, rue des Grands-Augustins, 5.